VENTE DU VENDREDI 14 AVRIL 1893

HOTEL DROUOT, SALLE Nº 11

à deux heures précises

TABLEAUX MODERNES

AQUARELLES, PASTELS, DESSINS

GRAVURES

EXPOSITION PUBLIQUE

Le Jeudi 13 Avril 1893, de 1 heure 1/2 à 5 heures 1/2

<table>
<tr><td>COMMISSAIRE-PRISEUR</td><td>EXPERT</td></tr>
<tr><td>Mᵉ PAUL CHEVALLIER</td><td>M. EUG. FÉRAL, peintre</td></tr>
<tr><td>10, rue Grange-Batelière, 10</td><td>54, Faubourg-Montmartre, 54</td></tr>
</table>

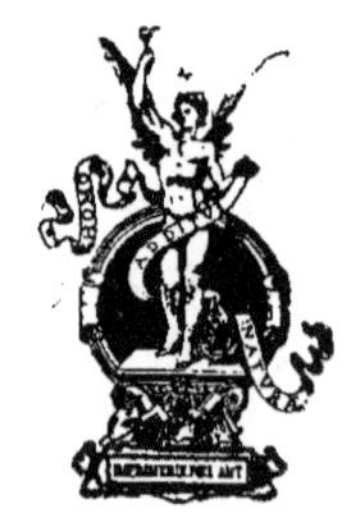

CONDITIONS DE LA VENTE

Elle sera faite expressément au comptant.

Les acquéreurs payeront *cinq pour cent* en sus des adjudications.

Paris. — Imp. de l'Art, E. Ménard et Cie, 41, rue de la Victoire.

DÉSIGNATION

TABLEAUX

1 — ALVAREZ. Vue de Venise.

2 — ARCOS. La Première au rendez-vous.

3 — AROSA (Mlle). Roses dans un carafon de cristal.

4 — AUBERT. L'Abreuvoir.

5 — BEAUQUESNE. L'Artilleur blessé.

6 — BERNE-BELLECOUR. La Plage de Trouville.

7 — BESNUS (A.). Animaux au pâturage.

8 — BOULANGÉ (L.). Environs de Fontainebleau ; effet de neige.

9 — BURGERS. Tête de femme.

10 — BURGERS. Tête de femme.

11 — CÉRAMANO. Coin du feu.

12 — CHABRY. Pâturage normand.

13 — CHEVOLOT. Marins sur le pont d'un navire.

14 — CORDERO. Environs de Tolède.

15 — COURBET (Attribué à). Marine ; soleil couchant.

16 — COURBET (Attribué à). Marine.

17 — CUNO. Fleurs.

18 — DE CURZON. Italienne.

19 — DAGNAN. Bords de la Méditerranée.

20 — DAMERON (E.). Cours d'eau dans les rochers.

21 — DELPY. Paysage.

22 — DE THORIN. Animaux au repos. Esquisse.

23 — D'ETTMULLER. Le Cabaret.

24 — DIAZ. Paysage aux environs de Fontainebleau.

25 — DIAZ (Genre de). Vue du parc Monceau. Esquisse.

26 — DOMINGO. Tête d'homme.

27 — DONZEL. Bords de rivière au soleil couchant.

28 — DUMONT (T.). La Première Entrevue.

29 — DUPRÉ (JULES). Bords de la mer ; soleil couchant.

30 — DUPRÉ (VICTOR). Paysage.

31 — DUVIEUX. Vue de Venise ; soleil couchant.

32 — ESTEBAN. La Visite à l'atelier.

33 — FEYEN-PERRIN. Portrait de jeune fille. Esquisse.

34 — FORCADE. La Seine à Honfleur.

35 — FORCADE. Vue de Venise.

36 — GITTARD. Bords de rivière ; soleil couchant.

37 — GITTARD. Marais de la Sologne.

38 — GOMAR. Vue de Grenade.

39 — GOUPIL (JULES). Directoire.

40 — GOURDON (R.). Forêt de Fontainebleau,

41 — GUICHARD. Marine.

42 — GUILLOU (AD.). Les Sources de la Cure.

43 — HILLIARD. Marine.

44 — HILLIARD. Marine.

45 — ISABEY (EUGÈNE). Plage à marée basse.

46 — JACOBS. Plage d'Ostende.

47 — JACQUE (Attribué à CH.). Intérieur de cabaret.

48 — LACROIX. Natures mortes. (Deux pendants.)

49 — LAUGÉE. Rêverie.

50 — LAUNAY (L.). Bords de rivière.

51 — LAVIEILLE. Les Laboureurs.

52 — LAZERGES. Arabe au repos.

53 — LERAY. Un Jour de fête.

54 — LESCOT (Attribué à Mme HAUDEBOURT). La Boutique du marchand d'étoffes.

55 — LHARDY. Pommier en fleurs.

56 — LHARDY. Maison à l'entrée d'un bois.

57 — LHARDY. Paysages. Deux pendants.

58 — LHARDY. Les Chaumières.

59 — LHARDY. Vue de Madrid.

60 — LHARDY. Vue de Grenade.

61 — LOPEZ. Soldat Louis XIII.

62 — LOUBON. Les Mulets.

63 — MAGNUS. Sous bois ; forêt de Fontainebleau.

64 — MARTIN (JULES). Les Bords de la Sarthe.

65 — MEERHOUT (JEHAN). Vue de Hollande.

66 — MERCIER (P.). La Jeune Fille aux roses.

67 — MIRALLÈS. Le Petit Bateau.

68 — MONTICELLI. Le Rendez-vous.

69 — MONTICELLI. La Mosquée.

70 — MONTICELLI. Baigneuses au soleil couchant.

71 — MONTICELLI. Jeunes Femmes faisant l'aumône.

72 — MONTICELLI. Jeune Femme debout.

73 — MONTICELLI. Les Pêcheurs catalans.

74 — MONTICELLI. La Roche percée, vue de la Corniche de Marseille.

75 — MONTICELLI. Sous bois.

76 — MONTICELLI. Un Mariage turc.

77 — MONTICELLI. Portrait de jeune garçon.

78 — MONTICELLI (Genre de). Jeunes Femmes sous bois.

79 — NOEL (JULES). Barques de pêche.

80 — NOEL (JULES). Bords de rivière.

81 — NOEL (JULES). Plage à marée basse.

82 — PASCAL. La Seine, à Maisons-Laffitte.

83 — PECRUS. La Jeune Musicienne.

84 — PEZOUS. La Halte.

85 — PHILIPPEAU. Le Repas champêtre.

86 — RIBOT (C.). Un vieux livre et une pipe.

87 — RICHET. Bateaux de pêche.

88 — RÖBBEC. Bélier et moutons.

89 — ROUGERON. Mendiant espagnol.

90 — ROUSSEAU (ÉM.). Fleurs.

91 — ROUSSEAU (LÉON). Fruits sur une table.

92 — ROYBET (Attribué à). La Basse-Cour.

93 — Russ (F.). La Jeune Fille à l'éventail.

94 — Sandoz. Almée.

95-96 — Saunier. Vaches à l'abreuvoir. Chevaux à l'abreuvoir. Deux aquarelles.

97 — Schrotter. La Sieste.

98 — Seiquier. La Chasse aux canards.

99 — Seiquier. Oiseaux (tambour de basque).

100 — Seiquier. Les Deux Amis.

101 — Serrure. Le Rendez-vous.

102 — Shessa. Fleurs (tambour de basque).

103 — Shirley (Fox). La Baigneuse.

104 — Tabar. Le Clairon.

105 — Tommasi. Au bord du lac.

106 — Turba. Nymphe endormie.

107 — Bos (Van den). Sur la plage.

108 — Vandernacren. Pâturage.

109 — Veyrassat. Les Foins.

110 — Viard. Paysage avec animaux.

111 — Vojave. Troupeau de moutons sous bois.

112 — Volkon (Antoine). Poissons.

113 — Wertheimer (C.). Le Rêve du pêcheur.

114 — ÉCOLE ALLEMANDE. Deux sujets allégoriques.

115 — ÉCOLE ESPAGNOLE. Enfant Jésus.

116 — ÉCOLE FRANÇAISE. Le Petit Mendiant.

117 — ÉCOLE FRANÇAISE. Les Amours oiseleurs. Dessus de porte en grisaille.

118 — ÉCOLE FRANÇAISE. Tête de femme. Étude.

119 — ÉCOLE HOLLANDAISE. Bords de rivière.

120 — ÉCOLE ITALIENNE. Sainte Famille.

121 — ÉCOLE ITALIENNE. La Vierge et l'Enfant.

122 — ÉCOLE MODERNE. Jeune Fille lisant.

123 — ÉCOLE MODERNE (Genre de COROT). La Nymphe des bois.

124 — ÉCOLE MODERNE. Une Porte d'église en Bretagne.

125 — ÉCOLE MODERNE. Paysage avec rivière ; soleil couchant.

126 — ÉCOLE MODERNE. Paysage ; effet d'orage.

127 — ÉCOLE MODERNE. La Rentrée à l'étable ; soleil couchant.

128 — ÉCOLE MODERNE. Le Christ mis au tombeau, d'après Van Dyck.

129 — ÉCOLE MODERNE. Vue de Venise.

130 — ÉCOLE MODERNE. Marine.

131 — ÉCOLE MODERNE. La Vierge et l'Enfant.

132 — ÉCOLE MODERNE. Ferme normande.

133 — ÉCOLE MODERNE. Deux paysages.

AQUARELLES

PASTELS, DESSINS

134 — BALLEROY (DE). Groupe de cavaliers. Charge à la mine de plomb.

135 — BÉTHUNE. Le Vieux Moulin, à Maisons-Laffitte. Aquarelle.

136 — BOULANGER (GUSTAVE). Six dessins dans le même cadre.

137 — BRAMTOT. Le Départ de Tobie. Dessin à la plume.

138 — COESSIN, Les Adieux. Dessin à la plume.

139 — CURZON (A. DE). La Source du Lion. Dessin au crayon noir.

140 — DAUTEIL (J.). Église de village. Aquarelle.

141 — DELACROIX (EUG.). Cinq croquis à la plume.

142 — Doré (Gustave). La Marchande de lait. Aquarelle.

143 — Dumaresq (Armand). Les Grandes Manœuvres. Dessin à la plume.

144 — Frère (Th.). Intérieur de maison arabe. Dessin au fusain.

145 — Grandville (Attribué à). La nuit et le jour il rêvait. Dessin à la plume pour *les Animaux peints par eux-mêmes*.

146 — Heinrich. Église Saint-Étienne. Aquarelle.

147 — Isabey. Étude de bateau. Dessin à la mine de plomb.

148 — Isabey (Attribué à). Tête de femme. Crayon noir.

149 — Isabey (Attribué à). Chaumière. Dessin au crayon noir.

150 — Lalanne (Maxime). La Rue de l'Eau-de-Robec, à Rouen. Dessin à la plume.

151 — Le Petit. Paysages (deux pendants). Sépia.

152 — Maréchal. La Promenade ; maisons de pêcheurs. Deux dessins à la mine de plomb.

153 — Monticelli. Moïse sauvé des eaux. Dessin à la sépia, d'après une peinture ancienne.

154 — Monticelli. Jeune Femme dans un intérieur. Aquarelle.

155 — Monticelli Brigands italiens. Aquarelle.

156 — MONTICELLI. Maîtresse et sa servante. Pastel.

157 — PILLE (HENRI). Les Gardes nationaux de province. Aquarelle.

158 — RIBOT. Portrait de jeune fille. Dessin.

159 — RIVIÈRE. La Pêcheuse de crevettes. Aquarelle.

160 — SCHOMMER. Marianka. Dessin au crayon noir.

161 — TROYON. Paysage ; soleil couchant. Pastel.

162 — VEYRASSAT. Cour de ferme. Dessin à la plume.

163 — ÉCOLE MODERNE. Portrait d'enfant. Aquarelle de forme ovale, par Louisa Cabarrus.

164 — Deux eaux-fortes d'après Heilbuth.